AF370088

VIE

DE LA SŒUR

MAGDELEINE-ANGÉLIQUE D'ARCOLLIÈRES

SUPÉRIEURE

Du Monastère de la Visitation Sainte Marie

DE

RUMILLY

CHAMBÉRY
IMPRIMERIE CHATELAIN, SUCCESSEUR DE F. PUTHOD
4, AVENUE DU CHAMP-DE-MARS, 4

1886

VIE DE LA SŒUR

MAGDELEINE-ANGÉLIQUE D'ARCOLLIÈRES

———

VIE

DE LA SŒUR

MAGDELEINE-ANGÉLIQUE D'ARCOLLIÈRES

SUPÉRIEURE

Du Monastère de la Visitation Sainte-Marie

DE

RUMILLY

CHAMBÉRY

IMPRIMERIE CHATELAIN, SUCCESSEUR DE F. PUTHOD

4, AVENUE DU CHAMP-DE-MARS, 4

1886

VIE

DE LA SŒUR MAGDELEINE–ANGÉLIQUE

D'ARCOLLIÈRES

RELIGIEUSE

Du Monastère de la Visitation Sainte-Marie

DE RUMILLY

où elle est décédée le 1ᵉʳ avril 1745, âgée de quarante-trois ans,
après vingt-quatre ans de profession religieuse

———

EXTRAIT d'un manuscrit intitulé[1] :

VISITATION

Second volume des *Annales de la Visitation Sainte-Marie de Rumilly*,
à commencer depuis l'année 1703.

———

ANNÉE 1745

———

Le 1ᵉʳ avril de cette année 1745, mourut en Notre
Seigneur notre très honorée Mère Magdeleine-Angélique
d'Arcollières, âgée de 43 ans, après 24 ans de profession, du rang des sœurs Choristes dont nous espérons
qu'elle aura passé à celui des bienheureuses. C'est
cette seule vie qui peut nous consoler de la perte
d'une si bonne et tendre mère que nous nous flattions de

———

[1] Le possesseur actuel de ce manuscrit, M. J.-F. Croisollet, notaire,
en a inséré, avec des annotations de sa main, un *Extrait littéral et
analytique* dans le tome XXII des *Mémoires et Documents publiés par
la Société savoisienne d'histoire et d'archéologie*, paru en 1884.

la douce espérance de posséder longtemps, comme son âge sembloit nous le promettre ; mais les décrets de Dieu qui sont aussi adorables qu'impénétrables et aux quels nous devons nous soumettre en nous frappant du coup le plus accablant a voulu sans doute se hâter de recueillir pour le Ciel ce fruit mûr, puisque cette respectable défunte, dans bien peu de temps, a fourni une longue carrière de la pratique de toutes les vertus de notre St Etat.

Née à la petite ville d'Yenne de parents aussi distingués par la naissance que par les vertus de monsieur Pierre d'Arcollière[1] et d'Anne de Mondragon[2], ses respectables père et mère s'appliquèrent à cultiver dès le bas âge, les heureuses dispositions de leur aimable demoiselle.

La nature lui avoit aussi prodigué ses dons par l'assemblage de tous les agrements : Jolie figure, belle taille, un air prévenant et grâcieux, tout charmoit en elle et lui gagnoit l'amitié de tous ceux qui la voyoient. Messieurs ses parents nous l'amenèrent pour pensionnaire. Dabord, la Communauté fut enchantée de voir dans cette jeune demoiselle tant d'agrément et un air de modestie et de sagesse qui faisoit juger que les bonnes qualités de l'esprit surpassoient ce que l'on voyoit briller au dehors ; en effet, on ne tarda pas de remarquer en elle un grand fond de piété et de religion qui étoit le principe et le mobile de toutes ses actions, une générosité et grandeur d'ame qui l'élevoit au dessus de la bagatelle. Ayant le

---

[1] Noble Pierre Courtois, seigneur d'Arcollières et de Prellian, — trisaïeul de M. E. Courtois d'Arcollières, aujourd'hui vivant.

[2] Anne de Bienvenu, fille de noble Gaspard, seigneur de la maison forte de Mondragon. V. la généalogie de la famille de Bienvenu dans *l'Armorial et nobiliaire de l'ancien duché de Savoie*. par le comte Amédée de Foras, tom. Ier, p. 198-202.)

discernement juste, beaucoup de pénétration, elle savoit
donner à chaque chose son prix, et s'attachoit toujours au
plus solide. Sa prudence, sa douceur, lui gagna bientot
tous les cœurs. Notre très honorée sœur de Gantellet pour
lors maitresse de nos demoiselles pensionnaires ne pouvoit
se lasser d'admirer les heureuses dispositions qu'avoit
celle-ci pour la vertu, et voyant que c'étoit un sujet propre
à faire le bonheur de cette Communauté, elle désiroit
avec ardeur qu'elle se decidat pour notre Etat. La demoiselle de son côté y sentoit beaucoup de penchant, mais
sa prudence ne permettoit pas de déclarer le dessein qu'elle
avoit de s'y fixer, qu'elle eut bien vu et considéré toutes
choses. Elle passa quelques mois comme cela en remar-
quant nos usages sans faire semblant de rien. Enfin, elle
se decida, connoissant bien que Dieu l'appeloit et la vouloit
dans cet état. Ayant manifesté la résolution qu'elle avoit
prise d'entrer au noviciat, la Communauté en eut une joie
non pareille. L'on en écrivit à ses parents à qui elle étoit
infinimentchère, mais qui cependant avoient trop de religion
pour la détourner de son pieux dessein. Elle entra à son
essai qu'elle fit avec beaucoup de ferveur et d'exactitude.
Quoiqu'elle n'avoit pas 16 ans accomplis, elle remplissoit
tous ses devoirs et les comprenoit aussi bien qu'auroit
fait une fille de 30. Elle eut le bonheur de prendre
notre saint habit le jour de la Presentation[1] de la S^te
Vierge de l'année 1717 ; elle fit sa cérémonie avec notre
chere sœur Marie-Josephte Bouvier. La satisfaction fut
parfaite de leur part et de la nôtre. Revêtue des livrées
de son céleste époux elle ne pensa plus qu'à marcher à
grands pas dans les sentiers de la perfection ; elle en

[1] 21 novembre (C.)

établit le fondement sur l'humilité et la défiance d'elle même, et sur une entière et parfaite confiance en Dieu qui lui firent soutenir avec les épreuves du Noviciat, le regret de le voir prolonger par le dérangement des affaires de sa famille causé par la mort inopinée et tragique de Madame sa mère qui mourut écrasée sous les ruines de la voûte d'un degré qui tomba sur elle au moment qu'elle y passoit. Le bon cœur de notre chère sœur fut sensiblement affligée de ce funeste accident, mais sa soumission aux décrets de l'Être Suprême sans la permission du quel rien n'arrive, fit que bien loin de se relâcher, elle prit un nouveau courage de poursuivre son entreprise, desirant avec ardeur l'heureux moment de consommer son sacrifice qui arriva enfin le 21 janvier 1720.

La victime bien préparée fut immolée sans réserve et sans retour sur l'autel du divin amour qui devoit consumer l'holocauste. En effet, on lui vit faire dès lors des progrets rapides dans l'acquisition de toutes les vertus. L'on se prévalut de ses talents pour tous les emplois où on la fit passer successivem^t tant en qualité d'aide que d'officière ; elle s'en acquittoit de tous de façon à convaincre qu'elle seroit l'appui et le soutien de notre Maison, tant par sa capacité, son bon jugement, que par sa parfaite régularité.

Maitresse de nos pensionnaires, elle s'en faisoit craindre, respecter et aimer universellement ; elle leur inspiroit les sentiments de religion dont elle étoit elle même vivement pénétrée ; rien n'échappoit à ses soins et à sa vigilance pour leur donner non seulement une education chretienne, mais pour les rendre encore capables d'employer utilement leurs talents, chacune selon leur âge et leurs dispositions ; celle qu'elle avoit elle même pour ce, formé à l'economerie, c'est dans cet emploi où parut dans tout son jour sa prudence, sa sagesse, sa capacité, son esprit d'ordre, d'arrangement et son incomparable douceur qu'aucun événement ne pouvoit alterer.

On l'a vu combien de fois, dans les affaires les plus épineuses surmonter par les charmes de sa douceur les plus grandes difficultes ; toujours maitresse d'elle même, il ne lui échappoit jamais une parole qui put faire comprendre le combat qu'elle avoit à soutenir au dedans, lorsqu'il s'agissoit des intérêts de la Maison qu'elle soutenoit avec tant de discretion et des manieres si polies, qu'elle venoit à bout de tout ce qu'elle entreprenoit. Ses raisons judicieuses et son silence même faisoient tant d'impression et donnoient une si haute estime de sa vertu que ceux qui paroissoient les plus contraires à ses desseins pour procurer le bien de la Maison se voyoient obligés de lui céder et même de la seconder dans ses entreprises dans un temps où chargée de dettes cette Maison étoit dans la plus miserable situation qu'on puisse imaginer.

Quelles peines, quels embarras et quels cuisants soucis pour cette chère économe de ne pouvoir faire subsister la Communauté que sur les emprunts des amis. Il est vrai qu'elle en avoit autant que de personnes qui la connoissoient et qui se faisoient un plaisir de l'obliger. Elle avoit l'industrie d'emprunter des uns pour pouvoir rendre aux autres aux quels elle avoit donné parole de leur rendre en tel temps. Son éxactitude à cet égard faisoit qu'elle trouvoit toujours dans le besoin Dieu, pour lequel seul elle agissoit, bénissoit son travail, et comme c'étoit de lui seul qu'elle attendoit la récompense, loin de se faire valoir ou de faire appercevoir ses inquiétudes et embarras où elle se trouvoit souvent, tout son recours étoit à la prière après la quelle elle paroissoit aussi gaie avec la Communauté comme si elle eut nagé dans l'abondance. L'on ne soupconnoit point que la Maison fut si pauvre, puisque par les soins charitables de cette chère économe, chacune recevoit ce qui lui étoit nécessaire, donnant ordre à tout, afin que personne souffrit du malheur des temps.

La façon dont elle se comportoit dans cet emploi fit bien juger du bonheur que nous goûterions sous son aimable conduite et, sans balancer, les deux triennaux de notre très honorée mère de Gantellet étant finis, elle fut élue à sa place [1] à la satisfaction générale de toute la Communauté. Comme elle étoit seule qui ignorat la capacité et les talents que Dieu lui avoit donnés pour le gouvernement, elle fut accablée de se voir chargée de ce pesant fardeau.

L'humble defiance qu'elle avoit d'elle même, jointe à une timidité naturelle, la miserable situation de la Maison pour le temporel [2] lui faisoit une cruelle peine.

---

[1] 23 mai 1741. — M. Ribiollet, chanoine de la cathédrale et vicaire général du diocèse de Genève, père spirituel du monastère, confirma l'élection de la mère Magdeleine-Angélique d'Arcollières de la part de Monseigneur de Chaumont. *(Mémoires et documents publiés par la Société savoisienne d'histoire et d'archéologie*, t. XXII, p. 329.)

[2] « Pendant la vie de la mère d'Arcollières, dit l'*Extrait littéral et analytique* publié par M. Croisollet, on fit présent au prince dom Philippe (la Savoie était alors occupée par les Espagnols) d'une corbeille de beurre travaillé de toutes sortes de petits animaux: moutons, poule avec ses petits poussins, accompagnée d'un placet, pour qu'il fit quelque bien à cette communauté dont il connoissoit la miserable situation... » *(Mém. Soc. sav. d'hist.*, t. XXII, p. 344-345.)

Sa soumission à la volonté de Dieu et sa sensibilité sur
le tendre attachement que chacune lui témoignoit lui fit
faire alors les plus violents efforts sur elle pour dissimuler
ses craintes et ses inquietudes qui redoubloient chaque
fois qu'il falloit faire quelques fonctions de sa charge.
C'est certain que les grandes violences qu'elle se fit
pour surmonter sa crainte et sa timidité nuisit beaucoup
à sa santé, et c'est sans doute ce qui a abrégé ses jours.

Cependant il ne pouvoit y avoir une Supérieure plus
digne de l'être et qui sut mieux prendre les moyens de
contenter tout le monde, portant la paix partout sans
relâcher rien de la règle ; ellé en adoucissoit et facilitoit
la pratique par ses manieres prévenantes et sa charmante
douceur et modestie. Son solide jugement la rendoit
ennemie de la minutie, sachant faire un juste discernement de ce qui méritoit attention et de ce qui n'en mérite
point, ce qui faisoit que ses representations étoient toujours
bien veues et que chacune s'applaudissoit du bonheur de
vivre sous un si sage gouvernement.

Ayant été réélue [1] le 8 juin de l'année derniere, avec
bien de satisfaction de notre part, nous ne croyions pas
qu'elle seroit d'une si courte durée. Quelques mois après
nous commençames à voir de loin le malheur qui nous me-
naçoit par la langueur et l'air souffrant de cette aimable
mère. L'on tàcha d'y apporter tous les remedes que l'on
crut pouvoir la soulager, mais inutilement. Une abondance
d'humeur ayant forme une espèce d'abcès à son côté l'on
fut obligé de le faire ouvrir pour faire évacuer les humeurs
qui, malgré cette évacuation pénétrèrent au dedans et pas-

---

[1] M. Déléan, ancien confesseur ordinaire du monastère, fut commis
par Mgr de Chaumont pour confirmer la réélection de la mère Magd.-
Angél. d'Arcollières (*Mém. Soc. sav. d'hist.*, t. XXII, p. 342).

sèrent dans le sang et rendirent le mal sans remede. Il ne
se peut dire avec combien de patience, de résignation, elle
supporta son mal, sans jamais se plaindre. De continuels
maux de cœur, un degoût mortel l'avoient reduit dans un
accablement et une langueur qui l'obligèrent enfin à tenir
le lit, du quel elle donnoit encore ordre à tout avec la
même présence d'esprit. Elle seule paroissoit insensible
à ses maux dont nous étions d'autant plus vivemeut tou-
chées qu'il n'y avoit aucun remède humain qui put la
guérir.

L'on recourut au Ciel par les vœux les plus ardents,
mais il fut d'airain ; il exigeoit de nous ce douloureux sacrifice. Nous ne pouvions aborder le lit de cette chère sœur
sans être attendries et pénétrées d'édification de sa parfaite
résignation aux décrets du Souverain arbitre de nos jours.
Elle nous faisoit toujours quelques courts, mais utiles
discours sur le néant des choses de ce monde qui passe
comme l'ombre, et qui ne sauroit remplir le cœur qui n'est
fait que pour Dieu seul. Elle avoit toujours été pénétrée
de cette maxime que tout hors de Lui n'est que vanité et
affliction d'esprit, comme il étoit le seul et unique objet
de son ambition et de tous ses désirs. Elle n'eut pas de
peine à lui faire le généreux sacrifice de sa vie. Une
violente oppression s'étant jointe à ses maux, elle vit
sans frayeur approcher la fin de son éxil ayant demandé
et recu tous ses sacrements avec une piété angélique,
monsieur Richérot, notre confesseur, l'ayant assisté tout
le temps de sa maladie avec une charité et un zèle infatiga-
bles. Elle conserva sa parfaite connoissance jusqu'au dernier
moment.

Après la recommandation de l'ame, elle rendit douce-
ment la sienne à son Créateur à six heures moins un quart

en présence de la Communauté qui se fondoit en larmes et dont il seroit difficile de pouvoir exprimer la vive douleur et le sensible regret de la perte d'une si bonne mère.

Dieu nous fasse la grâce d'imiter ses vertus.

Copie conforme à l'original.

Rumilly, le 24 novembre 1886.

CROISOLLET, *notaire*.

Imprimerie Chatelain, Avenue du Champ de Mars, 4, Chambéry.